spot

CLIMA EXTREMO

LAS INUNDACIONES

por Anastasia Suen

AMICUS | AMICUS INK

bote

sacos de arena

Busca estas palabras e imágenes mientras lees.

río

coche

Llueve sin parar. Demasiada lluvia causará una inundación.

río

¿Ves el río? La lluvia lo llena.
¡Oh, no! ¡El río se desborda!

¿Ves los sacos de arena?
Están apilados.
Intentan detener la inundación.

sacos de arena

El agua se mueve rápido. ¡Cuidado! Seis pulgadas (15 cm) de agua pueden derribarte.

35
MPH

coche

¿Ves el coche? Flota.
¡Dos pies (0,6 m) de agua
pueden mover un coche!

¿Ves el bote? Lleva rescatistas.
Lleva a las personas
a la seguridad.

bote

La lluvia se detiene.

El agua se baja.

Ahora es momento de limpiar.

bote

sacos de arena

¿Lo encontraste?

río

coche

Spot es una publicación de Amicus y Amicus Ink
P.O. Box 1329, Mankato, MN 56002
www.amicuspublishing.us

Library of Congress Cataloging-in-Publication Data
Names: Suen, Anastasia, author.
Title: Las inundaciones / Anastasia Suen.
Other titles: Floods. Spanish
Description: Mankato : Amicus, [2021] | Series: Spot clima extremo | Audience: Ages 4-7 | Audience: Grades K-1
Identifiers: LCCN 2019050215 (print) | LCCN 2019050216 (ebook) | ISBN 9781645491965 (library binding) | ISBN 9781681527253 (paperback) | ISBN 9781645492221 (pdf)
Subjects: LCSH: Floods--Juvenile literature.
Classification: LCC GB1399 .S8418 2021 (print) | LCC GB1399 (ebook) | DDC 551.48/9--dc23

Impreso en los Estados Unidos de America

HC 10 9 8 7 6 5 4 3 2 1
PB 10 9 8 7 6 5 4 3 2 1

Alissa Thielges, editora
Deb Miner, diseñadora de la serie
Ciara Beitlich, diseñadora de libro & investigación fotográfica

Créditos de las imágenes: iStock/kyrien cover, 16; iStock/Andesign101 1; Shutterstock/egd 3; iStock/sanjeri 4-5; iStock/isaravut 6-7; Shutterstock/CEW 8-9; Alamy/michelmond 10-11; Alamy/Adrian Sherratt 12-13; Alamy/Philip Scalia 14-15